Inhalt

Der Business-Plan als Weg zum Erfolg einer Existenzgründung

Kernthesen

Beitrag

Fallbeispiele

Weiterführende Literatur

Impressum

Der Business-Plan als Weg zum Erfolg einer Existenzgründung

I.Lukmann

Kernthesen

- Die Zahl der Existenzgründer ist in den vergangenen Jahren trotz Wirtschaftsflaute und steigender Insolvenzen angestiegen. (1), (8)
- Damit eine Existenzgründung Erfolgschancen hat, sollte deren Gründer Eigenschaften wie unternehmerisches Denken und kaufmännisches Know-how besitzen. (1), (5)
- Ein Business-Plan skizziert ein genaues Bild von der geplanten Umsetzung einer Geschäftsidee durch den (die) Gründer. (3),

(6), (10)

Beitrag

Ein so genannter Business-Plan ist die Grundlage einer Existenzgründung. Damit soll die geplante Geschäftsidee vor allem bei Verhandlungen um Förderhilfen gehaltvoll und attraktiv vorgestellt werden können.

Ein Business-Plan zeigt auf, ob ein Existenzgründer über ausreichende Marktkenntnisse sowie kaufmännisches Know-how verfügt. Eine sinnvolle Gliederung des Business-Plans ist daher ein wichtiger Schritt, um die eigenen Kenntnisse nach Außen hin zu transportieren. (1), (6), (9)

Im Folgenden werden die einzelnen Bausteine eines Business-Plans skizziert. Anschließend werden wichtige Fragestellungen, welche Existenzgründer im Vorfeld einer Unternehmensgründung zu beachten haben, angeführt.

Bestandteile eines Business-Plans

1. Geschäftsidee
Jeder Existenzgründer sollte zu Beginn seines Business-Plans seine Geschäftsidee skizzieren. Außerdem sind wichtige Bestandteile wie Namen, Rechtsform der Unternehmung sowie eine kurze Produktbeschreibung oder Beschreibung der Dienstleistung an dieser Stelle anzuführen. Letztlich ist es auch hilfreich, durch eine knappe Beschreibung der Qualität, der Zielgruppe oder auch der Branche die Unternehmung transparent vorzustellen. (3), (6)

2. Geschäftsplan
In dem Abschnitt Geschäftsplan sollte einerseits die Strategie beschrieben, sowie andererseits ein Plan mit dem inhaltlichen und zeitlichen Aufwand dargestellt werden. (1)

3. Produkt- bzw. Dienstleistungsbeschreibung
Hier werden die besonderen Eigenschaften und Merkmale des Produktes bzw. der Dienstleistungen sowie deren Preise oder Qualität angesprochen. An dieser Stelle kann auch die Vorgeschichte der Unternehmung, wenn diese beispielsweise von dem Existenzgründer übernommen wird, aufgeführt werden. (1), (3)

4. Marketingstrategie
Existenzgründer sollten klar beschreiben, wie sie sich ihr Marketingkonzept vorstellen. Wichtige Faktoren

dabei sind:
- Zielgruppendefinition
- Produkt- und Sortimentspolitik
- Preispolitik
- Vertriebsstrategie
- Kommunikationspolitik
- Kundenstruktur
- Marktchancen
- Konkurrenz. (5), (6), (9)

5. Personalplanung
Ein wichtiger Faktor bei der Gründung einer Unternehmung stellt die Personalplanung dar. Dabei sollten Existenzgründer in ihrem Business-Plan anführen, wie viele Mitarbeiter auch mittelfristig in den verschiedenen Bereichen tätig sein sollten. (5)

6. Finanzplanung
Die Darlegung der Finanzierung ist für jede Unternehmung fundamental. Existenzgründer können beispielsweise folgende Finanzpläne aufstellen:
- Investitionsplan
- Kostenplan
- Umsatzplan
- Rentabilitätsplan
- Liquiditätsplan (1), (5), (9), (10)

Wichtige Fragestellungen

Existenzgründer haben häufig neben der Suche nach finanzieller Unterstützung Fragen praktischer Natur. So fragen sich Gründer beispielsweise häufig, wann es sinnvoll ist, die Umsatzsteuer zu erheben. Werden für die Unternehmung keine weiteren Investitionen getätigt und erzielt die Unternehmung keine hohen Gewinne, ist die Erhebung der Umsatzsteuer nicht notwendig. Allerdings sollte beachtet werden, dass Existenzgründer ihren Geschäftspartnern dadurch deutlich machen, dass sie nicht allzu viel verdienen. (3)

Existenzgründer sind in der Regel auf Fördermittel angewiesen. Die bekanntesten Fördermittel sind das so genannte Überbrückungsgeld und die Fördermöglichkeiten in Form der Ich-AG-Zuschüsse. Das Überbrückungsgeld wird für sechs Monate in Form von 170,8 Prozent des Arbeitslosengeldes gewährt. Dieses Geld ist nicht an die Rentenversicherungspflicht gebunden. Außerdem wird ein Business-Plan, dessen inhaltliche Aussagekraft von einer entsprechenden Stelle bescheinigt werden muss, vorausgesetzt. Bei der Ich-AG ist die Reglementierung deutlich höher. Der Gründer muss mindestens 78 im Monat in die Rentenversicherung einzahlen, wenn er weniger als

4800 im Jahr einnimmt. Außerdem ist eine Begrenzung des Gewinns auf 25.000 festgelegt. (3), (6), (11)

Ein weiterer Punkt ist die Rechnungsstellung. Seit 2004 benötigt jede Rechnung eine fortlaufende Nummer, eine Steuer- oder Umsatzsteueridentifikationsnummer sowie ein Hinweis auf die Erhebung der Umsatzsteuer. (3)

Fallbeispiele

Kullmann hat 1998 die für sie attraktiven Coffee-Shops aus Amerika nach Deutschland gebracht. Der erste Balzac Coffee Store in Hamburg wurde gleich ein Erfolg. Kullmann hat inzwischen 25 Läden in ganz Deutschland. Ihrer Ansicht nach ist Begeisterung und der Glaube an die eigene Geschäftsidee entscheidend für den Erfolg einer Unternehmung. (1)

Die Initiative Selbständiger Immigrantinnen (ISI) bereitet jeweils ein Jahr lang Immigrantinnen für die Existenzgründung vor. In diesem Projekt werden unter Anderem BWL, Buchführung und EDV an die Teilnehmerinnen vermittelt. Bisher haben sich bereits

15 Prozent der 308 Teilnehmerinnen selbständig gemacht. (2)

Heizungs- und Sanitärinstallateur Czaplicki hatte bereits seit 14 Jahren bei seinem ehemaligen Chef im Betrieb gearbeitet, bevor er dessen Firma übernommen hat. Allerdings war dies keine Geschäftsübernahme im klassischen Sinne. Czaplicki hat sich für eine Neugründung entschieden. Dadurch hatte er zahlreiche Vorteile: Zum einen hat Czaplicki hierdurch keine alten Verpflichtungen übernehmen müssen. Zum anderen hat er auf diese Weise einen leichteren Zugang zu öffentlichen Fördermitteln bekommen. Hobohm, Leiterin der Bitterfelder Beratungsstelle für die Existenzgründungsoffensive (ego) des Landes Sachsen-Anhalt gibt die Vorteile klar wieder: Existenzgründungen sind deutlich einfacher, wenn auf Vorhandenes aufgebaut werden kann. Die Erfolgsaussichten einer Unternehmung sind höher, wenn beispielsweise auf ein existente Kunden- und Lieferantenbeziehungen zurückgegriffen werden kann. (4)

Der Bundesrechnungshof (BHR) hat bestätigt, dass die Arbeit von Steuerberatern zur Unterstützung bei Existenzgründungsvorhaben qualitativ einwandfrei sei. So sind bei etwa 50 Prozent der vom BHF geprüften Anträge auf Überbrückungsgelder der Bundesagentur für Arbeit Stellungnahmen von

Steuerberatern angeführt worden. Der Vorteil liege vor allem darin, dass Steuerberatern kein Eigeninteresse vorgehalten werden kann. (12)

Weiterführende Literatur

(1) EXISTENZGRÜNDUNG OFT FEHLT KAUFMÄNNISCHES GRUNDWISSEN Stolperfallen umgehen Mit systematischer Vorbereitung steigen die Chancen, erfolgreich zu sein.
aus Hamburger Abendblatt, 16.04.2005, Nr. 88, S. 71

(2) Hilfe bei der Existenzgründung
aus Berliner Morgenpost, 03.04.2005, Nr. 90, S. S1

(3) Existenzgründung: Die häufigsten Fragen
aus Computerwoche, 29.04.2005, Nr. 17 Seite 32-33

(4) Existenzgründung mit gewissem Polster Thema des Beratungstages für Gründer: Firmenübernahme
aus Mitteldeutsche Zeitung vom 19.03.2005

(5) Breites betriebswirtschaftliches und steuerliches Dienstleistungsspektrum qualifiziert für private und betriebliche Beratung Vielseitigkeit und Flexibilität als Basis kompetenter Beratung Existenzgründung - von Anfang an gut beraten
Unternehmensveräußerung und Nachfolgeregelung Unternehmensführung, Krisenprophylaxe und -management Investitionsentscheidungen,

Kreditbeschaffung und Ranking Private Planung u. Alterssicherung - langjährige Zusammenarbeit schafft Vertrauen Interessenten finden ihren individuellen Berater, auf Wunsch auch mit speziellen Branchen- und Fremdsprachenkenntnissen, in dem bundesweit größten Steuerberater-Suchdienst auf der Internetseite der Steuerberaterkammer des Freistaates Sachsen (www.SBK-Sachsen.de) unter der Rubrik "Der Berater -> Beratersuche".
aus LVZ/Leipziger-Volkszeitung, 01.03.2005, S. 10

(6) Gut vorbereitet kann Existenzgründung eine Alternative zum alten Job sein. NEUSTART FÜR MÜTTER SERIE TEIL 4 Selbst Chefin werden
aus Hamburger Abendblatt, Jg. 58, 05.02.2005, Nr. 30, S. 71

(7) Existenzgründung Erster Gründungskompass für Darmstadt erschienen
aus Frankfurter Rundschau v. 28.01.2005, S.35, Ausgabe: R Region

(8) Ein guter Anfang
aus Der Handel Nr.12 vom 01.12.2004 Seite 076

(9) Aller Anfang muss gar nicht so schwer sein
aus Zukunftsreport - Eine Sonderveröffentlichung der afz - allgemeine fleischer

(10) Wenn's ums Geld geht
aus Zukunftsreport - Eine Sonderveröffentlichung der afz - allgemeine fleischer

(11) Es gibt viele Gründe und auch viele Wege, sich selbstständig zu machen. Egal, ob man die eigene Geschäftsidee umsetzt, als Unternehmensnachfolger oder Franchise-Nehmer startet - A und O ist immer die gründliche Vorbereitung. Wie die Existenzgründung angegangen werden soll, was bei der Ich-AG zu beachten ist, welche Förderungen es gibt und wo man Hilfe bekommt - diese und weitere Fragen beantworteten die Experten Kerstin Schultz von der Leipziger Handwerkskammer, Jeannette Gehrmann von der Industrie- und Handelskammer (IHK) zu Leipzig, Holger Schwabe von der KfW Mittelstandsbank, Alexandra Jentzsch von der Arbeitsagentur Leipzig und Holger Richter vom Bundesministerium für Wirtschaft und Arbeit bei unserem Telefonforum. SERVICE Erster Rat Kammern und Internet bieten Hilfe
aus LVZ/Leipziger-Volkszeitung, 28.10.2004, S. 8

(12) EXISTENZGRÜNDUNG Qualität
aus Consultant, Vol. 7, Heft 04/2005, S. 61

Impressum

Der Business-Plan als Weg zum Erfolg einer Existenzgründung

Bibliografische Information der deutschen Nationalbibliothek

Die Deutsche Nationalbibliothek verzeichnet diese Publikation in der deutschen Nationalbibliografie; detaillierte bibliografische Daten sind im Internet über http://dnb.d-nb.de abrufbar.

ISBN: 978-3-7379-0174-1

© 2015 GBI-Genios Deutsche Wirtschaftsdatenbank GmbH, Freischützstraße 96, 81927 München, www.genios.de

Alle Rechte vorbehalten. Dieses Werk ist einschließlich aller seiner Teile – z.B. Texte, Tabellen und Grafiken - urheberrechtlich geschützt. Jede Verwertung außerhalb der Grenzen des Urheberrechtsgesetzes bedarf der vorherigen Zustimmung des Verlags. Dies gilt insbesondere auch für auszugsweise Nachdrucke, fotomechanische Vervielfältigungen (Fotokopie/Mikroskopie), Übersetzungen, Auswertungen durch Datenbanken oder ähnliche Einrichtungen und die Einspeicherung und Verarbeitung in elektronischen Systemen.